FROHE WEIHNACHTEN

MALBUCH FÜR KINDER

1. Auflage

Copyright 2024 - Adele Elle

Alle Rechte vorbehalten.

Das Werk darf – auch teilweise – nur mit Genehmigung des Verlags vervielfältigt werden.

ISBN 978-3-98935-606-1

Lucid Page Media (ein Imprint der Orbita Media GmbH)
Ericusspitze 4
20457 Hamburg
Deutschland

konkart@lucidpagemedia.de

FASZINIERENDE UND FESTLICHE
ILLUSTRATIONEN, DIE DEN GEIST
VON WEIHNACHTEN EINFANGEN ...